Philo Zenfants

Vivre ensemble,

c'est quoi ?

To Nebil from Ethiopia,
who told me: « It is injustice
that the ability of a person
depends on the place he is born. »

À Nebil, d'Éthiopie, qui dit :
« Il est injuste que les aptitudes
d'une personne dépendent
du lieu de sa naissance. »

Nous remercions la ville de Nanterre,
qui nous a permis de développer notre projet
de philosophie à l'école primaire,
les enseignants qui se sont lancés
dans cette aventure, et tous les enfants
de la ville qui ont tenté de redonner
sens et vigueur à la parole.

Toute notre reconnaissance à Isabelle Millon,
pour sa précieuse collaboration.

Philo Z enfants

Vivre ensemble, c'est quoi ?

Texte d'Oscar Brenifier
Dessins de Frédéric Bénaglia

Nathan

Des questions ?
Pourquoi des questions ?

Les enfants se posent des questions, toutes sortes de questions, souvent importantes. Que faire de ces questions ?
Faut-il que les parents y répondent ?
Pourquoi répondraient-ils à la place de l'enfant ?

Il ne s'agit pas ici d'exclure la réponse des parents : elle peut aider l'enfant à se constituer. Mais il convient aussi d'apprendre à l'enfant à penser et juger par lui-même, à réfléchir pour pouvoir acquérir sa propre autonomie et devenir responsable.

Dans les différents ouvrages de la collection Philozenfants, à chaque question s'offrent plusieurs réponses.
Certaines paraîtront évidentes, d'autres mystérieuses, étonnantes, déroutantes. Toutes feront l'objet de nouvelles questions, car la pensée est un chemin qui ne connaît pas de fin.

Ces dernières questions resteront peut-être sans réponse.
Tant mieux. Il n'est pas indispensable de répondre.
Une question peut être aimée pour elle-même, uniquement parce que c'est une belle question, parce qu'elle présente un beau problème, porteur de sens et de valeur.
Ainsi, la vie, l'amour, le beau ou le bien resteront-ils toujours des questions.

Mais des pistes se dessineront. Examinons-les, apprécions-les comme de véritables amis qui veulent nous garder éveillés.
Et prolongeons ce dialogue, en pariant qu'il apportera autant aux enfants qu'aux parents.

Oscar Brenifier

Sommaire

Aimerais-tu vivre tout seul ? p. 6

Es-tu toujours obligé de respecter les autres ? p. 22

Dois-tu toujours être d'accord avec les autres ? p. 36

Sommes-nous tous égaux ? p. 50

Sommes-nous tous obligés de travailler ? p. 66

A-t-on toujours besoin d'un chef et de règles pour vivre ensemble ? p. 80

Aimerais-tu vivre tout seul ?

NON, CAR
JE M'ENNUIERAIS TROP.

Oui, mais...

Les autres sont-ils moins ennuyeux que toi ?

Ne faut-il pas parfois connaître l'ennui ?

Ne peux-tu pas t'inventer ton propre monde ?

Aurais-tu peur de te retrouver face à toi-même ?

NON, CAR PERSONNE NE SAURAIT QUE J'EXISTE.

... ET JE SERAIS TRISTE.

Oui, mais...

Ton bonheur doit-il dépendre des autres ?

Ne préfères-tu pas parfois que l'on t'ignore ?

Les gens célèbres existent-ils plus que les autres ?

OUI, PARCE QUE LES AUTRES M'EMPÊCHENT DE FAIRE CE QUE JE VEUX.

Oui, mais...

Ne t'empêches-tu pas parfois
de faire ce que tu veux ?

Les autres ne peuvent-ils pas
t'aider aussi à faire ce que tu veux ?

Les autres peuvent-ils savoir
mieux que toi ce qui te convient ?

NON, JE VOUDRAIS CEUX QUE

Oui, mais...

Et eux, doivent-ils aussi te choisir ?

SEULEMENT CHOISIR JE FRÉQUENTE.

'a famille t'a-t-elle choisi ?

Ne doit-on pas fréquenter les gens avant de pouvoir les choisir ?

Aimerais-tu vivre tout seul ?

NON, CAR LES HOMMES SONT FAITS POUR VIVRE ENSEMBLE.

Oui, mais...

Les hommes ont-ils réellement été faits pour quelque chose ?

Est-ce Dieu, la nature ou le destin qui a décidé cela pour nous tous ?

Chaque homme ne peut-il pas décider lui-même du sens de sa vie ?

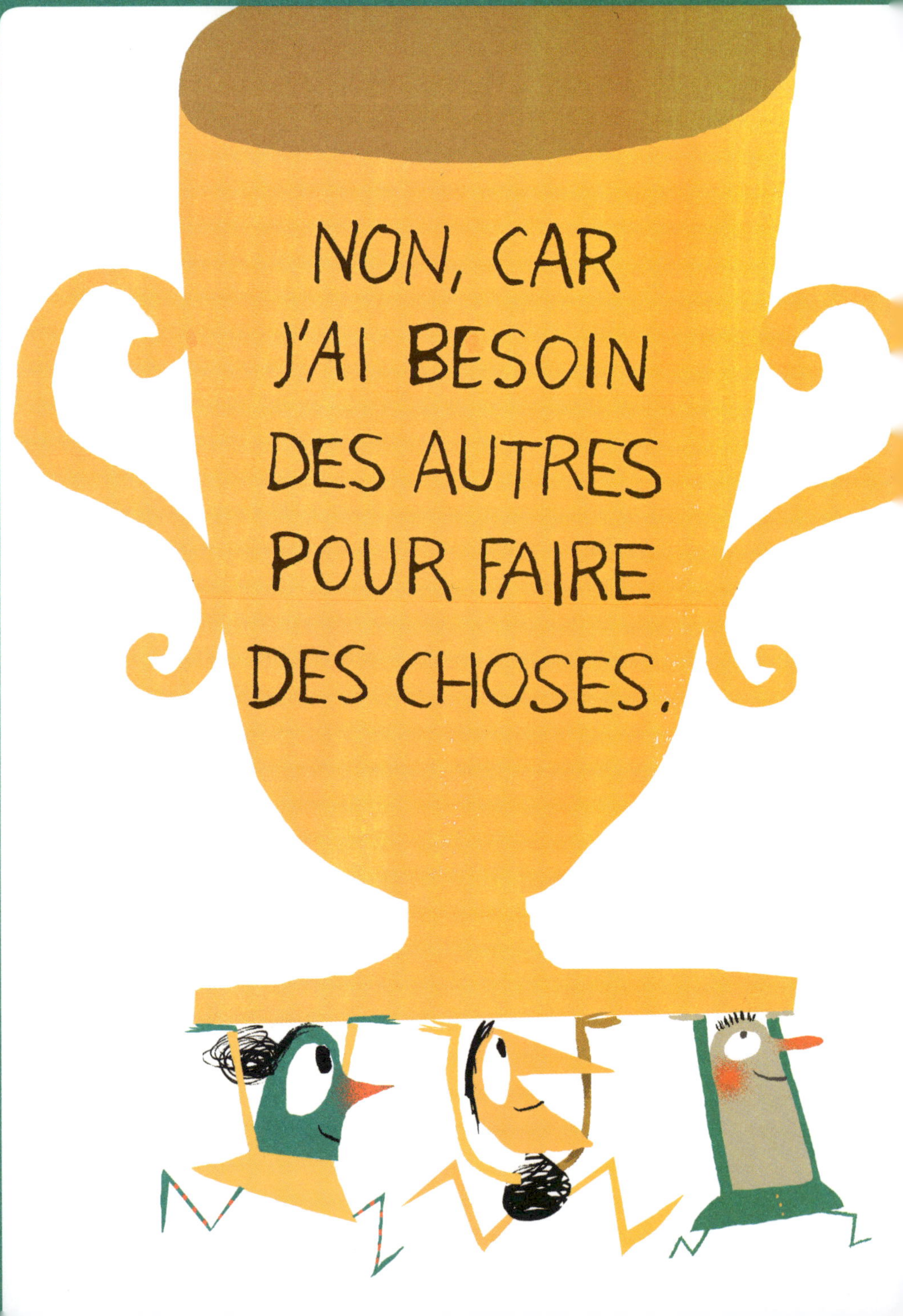
NON, CAR
J'AI BESOIN
DES AUTRES
POUR FAIRE
DES CHOSES.

Oui, mais...

Ne peux-tu pas apprécier quelqu'un seulement pour ce qu'il est ?

As-tu aussi besoin d'être utile aux autres ?

Vis-tu avec les autres uniquement par nécessité ?

Ne peux-tu pas te suffire à toi-même ?

Parfois les autres t'embêtent. Tu voudrais choisir ceux avec lesquels tu vis. Tu rêves même de te retrouver comme Robinson, seul et tranquille sur son île.
Tu imagines qu'alors tu seras libre d'agir à ta guise. Pourtant, les autres peuvent t'être utiles pour vivre. Leur amour, leur regard te prouvent que tu existes, valorisent ce que tu es. Mais accepter d'être seul, sans avoir peur, sans t'ennuyer, peut aussi t'aider à vivre plus sereinement avec les autres. Car quel sens peut avoir la vie si on ne la partage pas ?
De toute façon, avons-nous réellement le choix ?

Te poser cette question, c'est donc...

... apprendre à être seul pour découvrir qui tu es.

... reconnaître que les autres t'aident à vivre et que tu les aides à vivre.

... réaliser qu'avoir besoin des autres ne t'empêche pas d'être libre.

... comprendre les différents liens qui unissent les gens d'une même société.

Es-tu toujours obligé de respecter les autres ?

RESPECT

JE RESPECTE SEULEMENT

Oui, mais...

Et s'ils attendent
aussi que tu les respectes
pour te respecter ?

EUX QUI ME RESPECTENT.

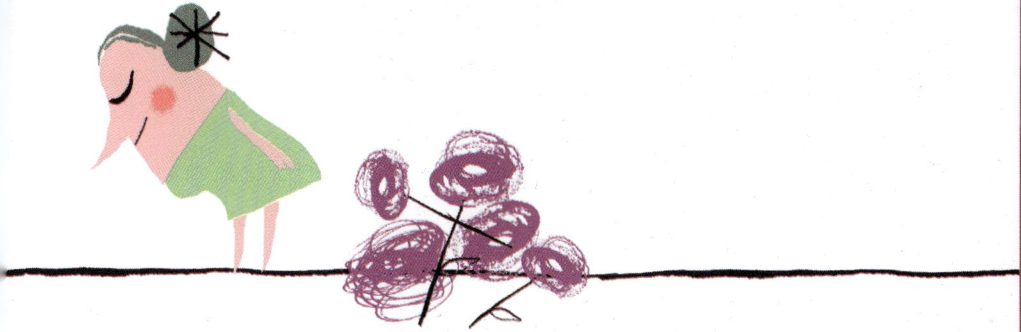

Avons-nous tous la même idée du respect ?

Que vaut ton respect s'il dépend du respect des autres ?

Oui, mais...

Existe-t-il des hommes que l'on ne doit pas respecter ?

De quel droit décide-t-on qui mérite, ou pas, le respect ?

Doit-on cesser de te respecter si tu agis mal ?

Peut-on respecter quelqu'un sans respecter ses actes ?

NON, PARCE QUE JE NE PEUX PAS AIMER TOUT LE MONDE.

Oui, mais...

Dois-tu ne respecter
que ceux que tu aimes ?

Peux-tu ne pas aimer
ceux que tu respectes ?

Peux-tu parfois manquer
de respect à ceux que tu aimes ?

OUI, PARCE QUE SINON ON PENSERA QUE JE SUIS IMPOLI.

Oui, mais...

La politesse est-elle une forme de mensonge ?

Peux-tu manquer de respect à quelqu'un en restant poli ?

Peux-tu avoir de bonnes raisons d'être impoli ?

Dois-tu toujours te soucier de ce que pensent les autres ?

OUI, PARCE QUE COMME IL EST

Oui, mais...

Doit-on tout tolérer des autres ?

Ne doit-on pas dire ce que l'on pense vraimen à ceux que l'on respecte ?

CHACUN A LE DROIT D'ÊTRE ET D'AGIR COMME IL VEUT.

Respecter les autres, n'est-ce pas aussi vouloir qu'ils s'améliorent ?

La liberté de chacun est-elle plus importante que le bien-être de tous ?

Tes parents te demandent de respecter tout le monde. Pour toi, c'est impossible ! Seuls ceux que tu aimes et qui te respectent méritent ton respect. À tes yeux, les criminels et les voleurs en sont indignes. Pourtant, ne leur dois-tu aucun respect en tant qu'êtres humains ? Et de quelle manière dois-tu respecter ton prochain ? Car chacun a son idée du respect. Pour certains, il consiste à tout tolérer. Pour d'autres, il se confond avec la politesse : mieux vaut éviter de dire ce qui pourrait blesser ou paraître grossier. Le respect est peut-être la limite qu'on se fixe à soi-même, mais aussi aux autres, pour pouvoir vivre ensemble.

Te poser cette question, c'est donc...

... valoriser les autres comme tu voudrais qu'ils te valorisent.

... faire la différence entre une personne et ses actions.

... percevoir quelle portée ont tes mots et tes actes à l'égard des autres.

OK!
OK!
OK!
OK!
OK!
OK!
OK
OK

Dois-tu toujours être d'accord avec les autres ?

NON, PAS SI J'AI RAISON ET QU'ILS ONT TORT.

Oui, mais...

Et s'ils pensent qu'ils ont raison ?

Pouvez-vous penser chacun différemment et avoir tous raison ?

Ne dois-tu pas chercher à comprendre les autres ?

NON, PARCE QUE, SI ON ÉTAIT TOUS D'ACCORD LE MONDE NE CHANGERAIT JAMAIS.

Oui, mais...

Est-il nécessaire de changer le monde ?

Un homme a-t-il le droit de changer le monde contre l'avis de tous ?

Une seule personne peut-elle changer le monde ?

CE N'EST PAS POSSIBLE :

Devons-nous chercher à nous ressembler pour pouvoir nous entendre ?

ON EST TROP DIFFÉRENTS.

Les gens qui se ressemblent
sont-ils toujours d'accord ?

N'avons-nous rien
en commun ?

OUI, CAR CELA NE SERT À RIEN DE SE DISPUTER AVEC LES AUTRES.

Oui, mais...

Les disputes sont-elles
toujours inutiles ?

Ne peut-on pas
s'opposer sans se disputer ?

Peux-tu être toi-même
sans affirmer ce que tu penses ?

Dois-tu renoncer à la vérité
pour éviter les conflits ?

NON, CAR J'AI LE DROIT D'AVOIR MON OPINION.

Oui, mais...

As-tu le droit d'être raciste ?

Existe-t-il des opinions supérieures aux autres ?

Ton opinion n'est-elle pas influencée par celle des autres ?

As-tu aussi le droit de changer d'opinion ?

Tu aimes avoir raison et tu revendiques le droit d'avoir ton opinion. Mais les autres, parce qu'ils sont différents, ne la partagent pas toujours. Tu estimes qu'ils ont tort. Qu'ils devraient penser comme toi. La dispute guette... Elle est absurde et souvent ridicule s'il s'agit uniquement pour toi d'avoir raison. Mais te fâcher peut se justifier lorsque tu dois défendre des idées de justice ou de vérité qui pourraient faire avancer le monde. Mais peut-on changer le monde tout seul ? Parfois aussi, c'est nous qui devrions changer ! Affirmer ce en quoi tu crois tout en sachant écouter les autres : c'est sans doute ainsi que tu pourras vivre en accord avec toi-même et avec la société.

Te poser cette question, c'est donc...

... aimer les oppositions et ne pas les craindre, car elles te font réfléchir.

... réaliser que tu ne vois jamais qu'un petit bout des choses.

... comprendre les autres avant de dire que tu n'es pas d'accord.

... te rendre compte que tes idées t'aident à prendre ta place dans le monde.

1

Sommes-nous tous égaux ?

OUI, PARCE QU
TOUS DES

Oui, mais…

N'existe-t-il pas des hommes inhumains ?

Naît-on homme ou doit-on apprendre à le devenir ?

NOUS SOMMES HOMMES.

Un Indien d'Amazonie est-il égal à un homme d'affaires new-yorkais ?

Es-tu l'égal d'un adulte ?

NON, PARCE QU'IL Y A DES RICHES ET DES PAUVRES

Oui, mais...

Les riches doivent-ils partager avec les pauvres pour que tout le monde ait la même chose ?

Peut-on vouloir ne pas être riche ?

Pouvons-nous tous être riches ?

NON, PARCE QU'IL Y A DES GENS PLUS INTELLIGENTS QUE D'AUTRES.

Oui, mais...

As-tu reçu ton intelligence
à la naissance une fois pour toutes ?

Tout le monde est-il intelligent
de la même façon ?

Les gens intelligents
dominent-ils toujours les autres ?

Les autres ne peuvent-ils pas
être intelligents pour nous ?

NON, PARCE QUE CERTAINS ONT PLUS DE CHANCE QUE D'AUTRES.

Oui, mais...

Cultive-t-on sa chance ou la reçoit-on ?

Peut-on avoir de la chance et être malheureux ?

Est-ce la jalousie qui te fait dire que les autres ont de la chance ?

Est-ce vraiment de la chance ou plutôt des efforts, du travail, du talent... ?

OUI, SI ON S'ENTRAIDE ET SI ON PARTAGE TOUT CE QU'ON A.

Oui, mais...

Peut-on tout partager ?

Préfères-tu manger un gâteau tout seul ou le partager avec les autres ?

Peux-tu aider quelqu'un sans rien lui donner ?

Te sens-tu égal aux autres lorsqu'ils t'aident ?

OUI, CAR ON A TOUS LES MÊMES DROITS

Oui, mais...

Peut-on tous avoir les mêmes droits et ne pas être égaux dans la vie ?

Ceux qui connaissent leurs droits sont-ils égaux à ceux qui les ignorent ?

Et avons-nous tous aussi les mêmes devoirs ?

En principe, nous les humains sommes tous égaux. Mais en réalité, nous voyons bien que certains sont plus riches, plus intelligents, plus forts ou plus chanceux que d'autres. Parce que nous sommes tous différents, tu auras toujours quelque chose de moins que les autres. Dois-tu être envieux pour autant ? Peut-être ont-ils durement travaillé pour être ce qu'ils sont. Et toi, n'as-tu pas aussi quelque chose de plus qu'eux ? Quant au partage ou à l'entraide, ils pourront compenser les inégalités, mais jamais les faire disparaître. Vouloir que les gens soient égaux, ce n'est pas chercher à ce qu'ils se ressemblent, juste reconnaître qu'ils partagent tous la même humanité. Ainsi que les droits et les devoirs qui l'accompagnent.

Te poser cette question, c'est donc...

... accorder à chacun le droit d'exister et ne pas tomber dans le piège de la jalousie.

... apprendre à reconnaître et combattre les injustices inacceptables.

... ne pas juger les individus sur ce qu'ils font ou ce qu'ils ont.

... reconnaître ce que tu as déjà et ne pas courir après l'impossible.

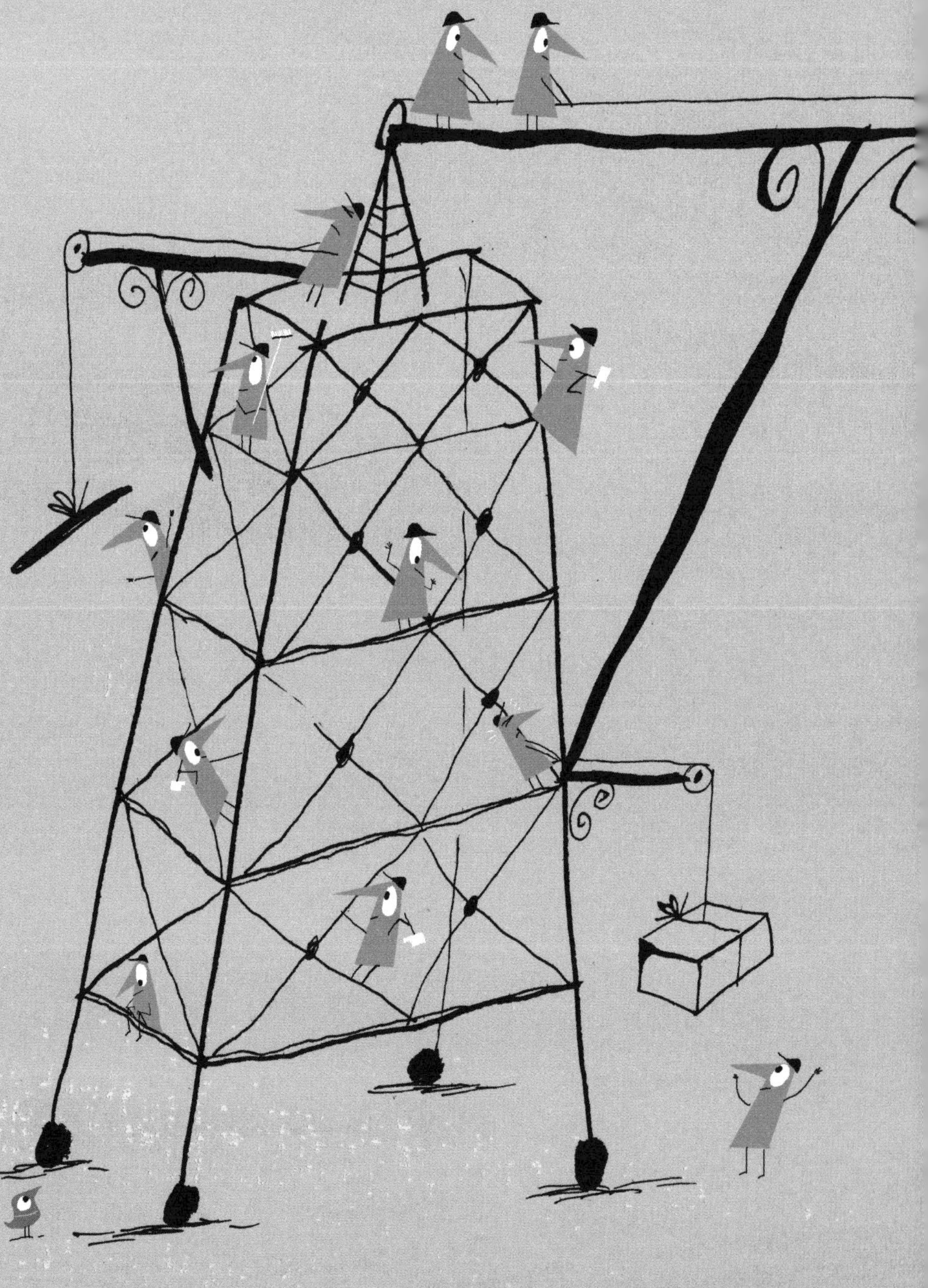

Sommes-nous tous obligés de travailler ?

Fait-on toujours quelque chose de bien quand on travaille ?

Faut-il toujours faire ce qui est bien ?

Est-ce mal de se reposer
ou de rêver ?

Vivre, n'est-ce pas déjà
faire quelque chose ?

OUI, POUR

Oui, mais...

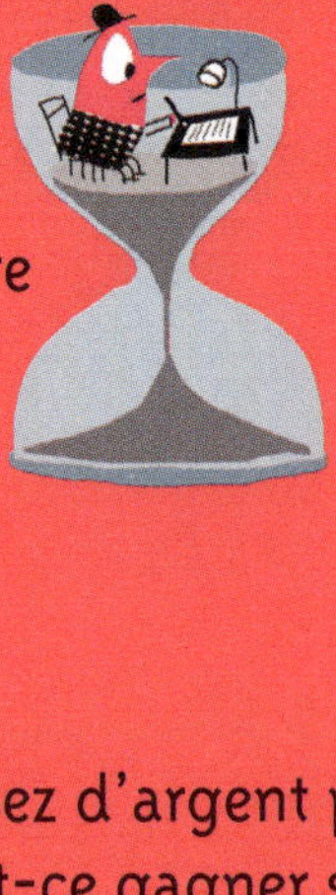

Ne peut-on pas perdre
sa vie à travailler ?

Avoir juste assez d'argent pour se nourrir
et se loger, est-ce gagner sa vie ?

GAGNER SA VIE.

Ne peut-on gagner
sa vie qu'en travaillant ?

Les autres ne peuvent-ils pas travailler
pour nous faire vivre ?

OUI, PARCE QUE SINON LES CHOSES DONT ON A BESOIN N'EXISTERAIENT PAS

Oui, mais...

A-t-on vraiment besoin de tout ce qui existe ?

Ne doit-on pas apprendre à limiter nos besoins ?

Les machines ne peuvent-elles pas remplacer les hommes pour fabriquer ce dont ils ont besoin ?

Notre travail nous permet-il toujours de satisfaire nos besoins ?

SEULEMENT QUAND ON EN A ENVIE OU QUE L'ON AIME SON TRAVAIL.

Peut-on bien travailler quand on ne le fait pas souvent ?

Peut-on aimer en permanence ce que l'on fait tous les jours ?

ans travailler, peut-on
pprendre à aimer travailler ?

Notre travail doit-il répondre à nos
envies ou aux besoins de la société ?

NON, PUISQU'IL N'Y A PAS ASSEZ DE TRAVAIL POUR TOUT LE MONDE.

Oui, mais...

Faut-il alors obliger les gens à travailler ?

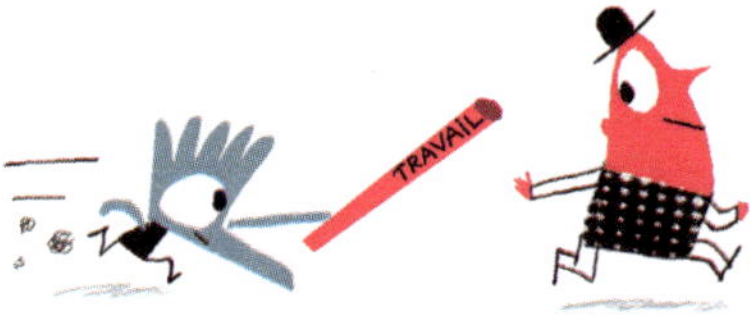

Doit-on travailler à tour de rôle ?

Comment décider qui doit travailler ?

Ceux qui n'ont pas de travail cessent-ils de faire partie de la société ?

COMPLET

Même si l'on n'aime pas ça, il faut travailler ! Qu'on soit petit ou grand, on ne cesse de nous le répéter. Il est mal vu d'être paresseux. Et une fois adulte, le travail permet de gagner sa vie et de produire tout ce dont la société a besoin. Mais il arrive que nos valeurs ne soient pas en accord avec notre travail : on peut ne pas vouloir fabriquer des choses qui nous semblent inutiles ou dangereuses. On peut aussi regretter que notre travail ne nous apprenne rien d'intéressant. Et puis la société n'offre pas de travail à tout le monde. Alors faut-il accorder autant d'importance au travail ? Oui, s'il nous offre la possibilité de nous améliorer et de faire progresser le monde...

Te poser cette question, c'est donc...

... accepter qu'un effort, parfois pénible, peut apporter une grande satisfaction.

... apprendre à aimer travailler et chercher l'activité qui te correspond le mieux.

... reconnaître que le travail n'est pas tout dans la vie.

... comprendre que le travail peut te permettre d'être responsable de ta vie.

1
2
3
4
5

A-t-on toujours besoin d'un chef et de règles pour vivre ensemble ?

OUI, SI
CE CHEF ET
CES RÈGLES
SONT
JUSTES.

Oui, mais...

A-t-on partout et toujours la même idée de la justice ?

Être juste, est-ce donner raison à chacun ?

Un chef doit-il être supérieur à ceux qu'il dirige ?

Des citoyens justes peuvent-ils choisir un chef et des règles injustes ?

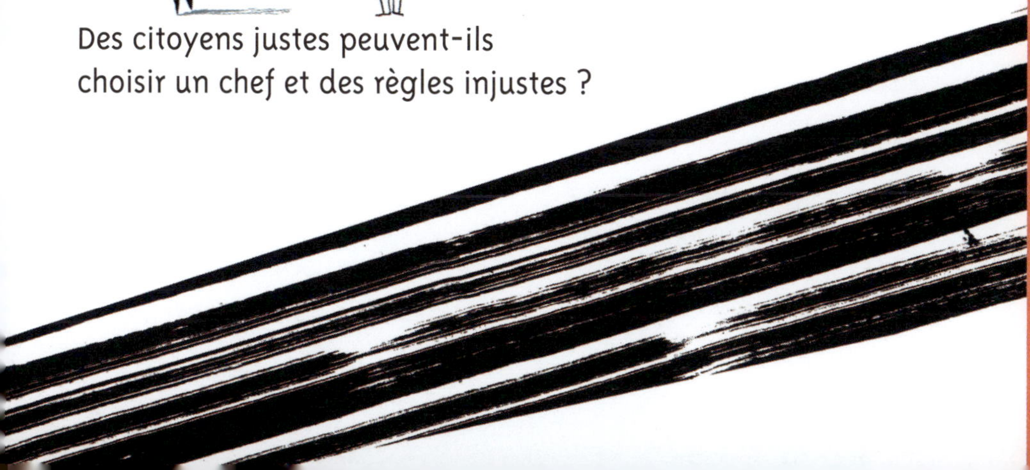

OUI, PARCE QUE SINON ÉCRASERAIENT TOUJOURS

Oui, mais...

N'est-ce pas toujours les forts qui deviennent chefs ?

La loi des hommes peut-elle lutte contre cette loi de la nature ?

LES FORTS
LES FAIBLES.

Les forts n'aident-ils jamais les faibles ?

Protéger les faibles, n'est-ce pas les affaiblir davantage ?

NON, PARCE QUE CELA NOUS EMPÊCHE D'ÊTRE **LIBRES**.

Oui, mais...

Les chefs et les lois peuvent-ils servir à protéger nos libertés ?

Pouvons-nous vivre ensemble si chacun agit comme il le veut ?

N'est-on pas libre quand on choisit librement ses règles et son chef ?

Les chefs sont-ils plus libres que ceux qu'ils dirigent ?

NON, PARCE QUE LES

Oui, mais...

Les hommes peuvent-ils naître bons et devenir méchants ?

HOMMES SONT BONS.

Peut-on être bon et mal agir ?

Tous les hommes sont-ils bons ?

OUI, POUR NOUS OBLIGER À BIEN AGIR.

Oui, mais…

Les hommes ne sont-ils pas assez grands pour savoir tout seuls ce qu'ils doivent faire ?

Et si les lois sont injustes et que notre chef se trompe ?

N'est-ce pas plutôt aux hommes de dire à leur chef comment diriger ?

Un chef est-il un exemple que l'on doit suivre les yeux fermés ?

SEULEMENT SI CE CHEF ET CES RÈGLES ONT ÉTÉ CHOISIS PAR LE PLUS GRAND NOMBRE

Oui, mais...

Une minorité de gens peut-elle faire un meilleur choix qu'une majorité ?

Est-on obligé de respecter les lois et le chef qu'on n'a pas choisis ?

Un chef doit-il écouter aussi ceux qui ne l'ont pas choisi ?

A-t-on toujours besoin d'un chef et de règles pour vivre ensemble ?

Chez toi, à l'école, dans ton pays, il y a toujours quelqu'un à qui il faut obéir, des règles que tu dois respecter. Parfois tu voudrais t'en passer pour être libre de faire ce que tu veux. Tu estimes n'avoir besoin de personne pour bien agir. Pourtant, un monde sans règles et sans chef ne risque-t-il pas de ressembler à une jungle où régnerait la loi du plus fort ? Mais tu remarques aussi que les chefs ne sont pas toujours justes, ni prêts à protéger les faibles. C'est donc à nous d'être vigilants et de bien les choisir, lorsque nous avons la chance de pouvoir faire ce choix. En gardant toujours en tête que la majorité peut se tromper. Et que les chefs et les règles existent en principe pour te permettre d'agir librement et de manière responsable vis-à-vis des autres et de toi-même.

Te poser cette question, c'est donc...

... apprendre à faire confiance aux autres.

... accepter de limiter ta liberté pour le bien-être de tous.

... savoir quand il est temps d'obéir et de se révolter.

... chercher à devenir un citoyen informé et responsable.

Oscar Brenifier

Docteur en philosophie et formateur, il a travaillé dans de nombreux pays pour promouvoir les ateliers de philosophie pour les adultes et la pratique philosophique pour les enfants. Il a publié pour les adolescents la collection « L'apprenti-philosophe » (Nathan) et l'ouvrage Questions de logiques (Le Seuil), pour les enfants les collections « PhiloZenfants » et « PhiloZidées », « Le livre des grands contraires philosophiques » (Nathan) et « Les petits albums de philosophie » (Autrement), ainsi que des manuels pour enseignants, Enseigner par le débat (CRDP) et La pratique de la philosophie à l'école primaire (Sedrap). Il est l'un des auteurs du rapport de l'Unesco sur la philosophie dans le monde : La philosophie, une école de liberté.

www.brenifier.com

Frédéric Bénaglia

Frédéric Bénaglia est né en 1974. Il passe son enfance entouré de **toute sa famille** à Antibes. Puis il décide de monter **tout seul** à Paris pour faire des études d'Arts appliqués. Là, il se fait **plein de copains** et ils décrochent leur diplôme **tous ensemble**. **Tout seul**, il devient ensuite directeur artistique dans des agences de communication. Aujourd'hui, il a deux métiers : chez Bayard Presse, il conçoit des magazines pour enfants avec **toute une équipe** ; chez lui, il fait de l'illustration **tout tout seul** !

MIXTE
Papier issu de sources responsables
FSC® C022030

ISBN : 978-2-09-253238-6 - N° d'éditeur : 10218866 - Dépôt légal : janvier 2011
Achevé d'imprimer en août 2015 par Loire Offset Titoulet (42900 Saint-Etienne, France).
En application de la loi n° 49-956 du 16 juillet 1949 sur les publications destinées à la jeunesse, modifiée par la loi n° 2011-525 du 17 mai 2011.